早稲田教育ブックレット No.30

憲法を学び，教える
—教師教育の課題—

市民教育及び教師教育における憲法教育の課題　斎藤一久

社会科・公民科教育法における憲法の教え方　吉田俊弘

憲法学から見た日本の学校教育　遠藤美奈

学生の声①　田中雷人

学生の声②　中野万里奈

総括討論　近藤孝弘　斎藤一久　吉田俊弘　遠藤美奈　田中雷人　中野万里奈

市民教育及び教師教育における憲法教育の課題

明治大学法学部　教授　斎藤　一久

はじめに

ただ今ご紹介にあずかりました明治大学法学部の斎藤です。二〇年前、教育総合研究所の助手をしておりまして、このような形で講演をさせていただくことになり、大変光栄です。

私は東京学芸大学の教育学部で一六年ほど勤めました。教職大学院も担当していました。その後、名古屋大学大学院法学研究科（法科大学院所属）に三年間勤務して、今年（二〇二三年）の四月より明治大学に移籍しました。専門職大学院として、教員養成と法曹養成の二つを経験したという、珍しい経験を有しており、今日は、そのような経験も踏まえてお話させていただきます。

また私はかなり変わった憲法学者でありまして、もともと外国語学部で一般教養として憲法を勉強し、その後、法学に転身しています。そして学部時代には三年連続で憲法の単位を落としています（笑）。

前置きはここまでにしまして、本題ですが、以前、東京学芸大学に勤めていたときに、日本国憲法の授業で、授業開始前にレポートを課していました。東京学芸大学は教員養成の大学で、一年生は春学期または秋学期に日本国憲法が必修となっています。ある学生が次のようなレポートを出してくれました。「社会に出たら憲法を守らないといけないんだ。学校のルールを守るのはその練習なんだよ。教壇に立ったらそのことをぜひ生徒に伝えたい」と。

非常に熱い学生なんですが、憲法学者の私としてはマルを付けてあげられません。憲法というのは国家権力を縛るものでありまして、私たち国民が守るという発想は誤っています。憲法は国家と国民の約束事ですから、守らなければならないのは、基本的に国家であって国民ではないのです。憲法九九条も「天皇又は摂政及び国務大臣、国会議員、裁判官その他の公務員は、この憲法を尊重し擁護する義務を負ふ」となっており、国民は入っていません。

もっとも私も大学生のころは、同じように思っていましたので、あまり学生を責めることはできません。憲法は私たちが守るものだという発想は、おそらく法律を守らなければならない以上、最高の法律である憲法も守るべきと勘違いしてしまっているのかもしれません。

二〇一二年に発表された自民党の憲法改正草案一〇二条一項にも、「全ての国民はこの憲法を尊重しなければならない」とあり、一般の人たちの感覚を反映しています。この条文が新しく入ったら国民の憲法意識がそのまま法定化されることになりますが、しかし、これは立憲主義とは相いれません。

【二】　立憲主義などの憲法上の概念の理解

同じような問題で、いじめは人権侵害かという問題があります。繰り返しになりますが、憲法は国家権力とわれわれ市民との関係であって、それゆえ人権侵害は第一次的には国家によるものなのです。いじめは、ある生徒が他の生徒の人権を侵害する問題で、憲法学では人権侵害とは位置づけ難いです。私人による私人に対する人権侵害の問題を、憲法学では私人間効力と呼び、実際には損害賠償請求の際に憲法の人権を考慮するという問題に組み直します。しかし、人権の概念は憲法学者が独占できるわけではありませんので、道徳の授業や人権教育で、いじめは人権侵害であると言われても、そういう解釈もあってよいとは思います。

ただし、対国家的な人権という概念は、憲法を学ぶ学生には理解してほしいと考えています。また憲法を学んだときに、理解してほしいのは、ルールを守るのは当たり前ですが、守らなくてもよいルールがあるということです。つまり憲法の人権や自由を侵害しているような法律は守らなくてよいということです。専門的な言葉で言えば、立憲主義的な理解とも言えるでしょう。

司法制度改革の際に、一般の人たち向けの法教育というのが議論され、中学校の学習指導要領等にも取り入れられ、現在では中学校の公民の教科書に掲載されています。その中で、ルールをつくるだけでなく、ルールについて精査するという発想も掲載されています。ルールの目的や手段の適切性、ルールの文言の明確性などですが、この点は憲法学からも評価できます。

大学一年生を教えていると、一般教養の学生も法学部の学生も一年生段階では、あまり憲法の理解については差がないことが分かります。たとえば公共の福祉ですが、テストの答案を書いてもらうと、まず公共の福祉、つまり制限ありきという視点から書きます。確かに、自由にはお互いに自由を尊重しようと内在的な意味で制約はあるのですが、憲法学では、まず自由があって、例外的に公共の福祉によって制限されるという理解でなければなりません。

また「水戸黄門の印籠」のように、自由が公共の福祉によって簡単に説き伏せられるような発想も、学生にはあるようです。しかし、自由の制限は例外的でなければなりません。憲法学は、この「制限の制限」を考えているのです。加えて、他人の迷惑、他人の違和感・不安感を公共の福祉に置き換えるような感覚もあります。しかし、やはりひどい迷惑にならないと、憲法上の自由は制限してはならないでしょう。

このように自由が原則であり、公共の福祉による制限は例外であることを学生にはなかなか理解してもらえないのは、なぜでしょうか。一つには、高校までの道徳的な学校空間が影響しているように思えます。社会科の授業で、テスト向けの知識として、自由については理解しているのかもしれませんが、学校生活や生活の場面で自由や人権の実践的意義を果たして理解しているかはちょっと疑問視せざるを得ないように思われます。

【二】　憲法学の難しさ

憲法教育の課題というと、やはり憲法学は難しすぎるかもしれません。国の基本法であるので、すべての市民、つまり中学校で学校教育を終えた方も理解しておいてほしいところですが、学問の一つである以上、なかなか難しいところがあります。先にも触れた憲法は国家権力を縛るものという立憲主義的な発想も、中学校や高校の歴史で学ぶマグナ・カルタあたりを思い出してもらえば、理解できるはずなのですが、現実には厳しいですね。

私は父親が中卒ということもあり、義務教育を終えた高校一年生ぐらいでも理解できるようにと、授業や講演会などでは、心がけてはいます。もっとも高校への出前授業になると、大学の授業らしく話さなければと、意外に難しい話になってしまうこともあるので反省しなければなりませんが。

大学の憲法の授業の定番教科書は、岩波書店から出ている芦部信喜という先生の『憲法』です。東京大学法学部の憲法の先生で、もう亡くなられて二〇年以上経ちますが、いまだにこの教科書がベストセラーです。憲法の授業の難しさは、この憲法の教科書をそのまま一般教養の学生にも教えようとすることにも原因があるかもしれません。最近は少なくなったと思いますが、先生によっては、教科書を棒読みするだけの方もいたりしました。まったく解説なしで。これでは、授業に出なくてもよいわけでありまして、このような授業では、憲法感覚は身に付かないと思います。

憲法学の難しさの具体例を挙げれば、たとえば重要なキーワードである自己統治の価値でしょうか。この言葉、日本語として意味が分かりますでしょうか？　高校までの憲法学習では出てきません。憲法学では、憲法二一条の表現の自由がいろいろな自由の中でも最も重要なものとされています。その理由が、表現の自由に含まれる自己実現の価値とともに、自己統治の価値です。自己実現はおそらく日本語の字面から意味を推測できると思いますが、自己統治は分かりにくいですよね。自分を統治するのか？　これは self-government の翻訳です。

法律学あるあるなのですが、翻訳語ゆえに日本語の直感から分かりにくいキーワードがあって、先生によっては、この中身を教えず、キーワードを連呼するだけの方もいます。これではダメですね。自己統治とは、自ら統治するということですが、民主主義を促進する価値と置き換えてしまえば、簡単に理解できるでしょうか。

他には、プライバシー権ですが、「情報プライバシー権」と教科書には書いています。もともとプライバシー権というのはアメリカから輸入していますが、アメリカでは一人で放っておいてくれという権利なのです。個人のプライベートな領域に国は介入するなという権利で、かなり広い概念です。子どもを産む、産まないとか、自分のことは自分で決めるといった自己決定権も含まれます。しかし、日本ではプライバシー権とは個人の情報を公開されないという権利になっていて、ここにも憲法学と市民の感覚のズレがあります。

私が昔、憲法を勉強してつまずいたのは、独立行政委員会です。人事院や公正取引委員会のことで、行政の一部なのですが、その職務の中立性などから、国会の多数派（現在は自民党と公明党）に支えられている内閣から独立していなければなりません。しかし、完全に独立すると、民主的なコントロールが及ばなくなり、正統性も揺らぎます。当時、学部の憲法の試験に「独立行政委員会の合憲性を論じなさい」という問題が出たのですが、私としては現在、人事院などが実際に存在し、職員もおり、活動しているのに、なぜ違憲かどうかを論じなければならないのかが、さっぱり分かりませんでした。答案には、「今あるからいいじゃないですか」といった趣旨を書いたのですが、当然、単位を落としました。あくまで日本国憲法に「独立行政委員会」という言葉がないからと説明を始めてくれればよかったのですが、その前提もなく、「独立行政委員会の合憲性の問題がある」から始まるので、初学者には理解困難です。それゆえ、司法試験などでは、問題の所在と言いますが、なぜこの争点や論点が問題として生じているのかについて丁寧に説明する必要があると思います。実際、法科大学院で指導していても、学生は問題の所在を理解しておらず、模範答案を丸暗記していることも多々あります。それでも司法試験に合格してしまうのですが。

【三】 求められる憲法教育と憲法リテラシー

市民としての憲法のリテラシーを、大学の憲法の二単位の時間で身に付けるのはなかなか難しいのではないかと思います。時間が十分ない中で、学生には理不尽なことへの抵抗の礎として憲法を位置づけてもらえばよいかと思いながら、授業をしています。生きて行く中で、理不尽なこと、不合理なことはたくさんあると思います。しかし、それに慣れずに、やはりおかしいと気づき、場合によっては抵抗する、その礎に憲法があるべきだということです。こういう感覚を身に付ける、または既にある感覚をもう少し研ぎ澄ますことができればよいかと考えています。

別の言葉で表現すれば、憲法上の自由や平等の観点から批判的に考察する思考、これを憲法リテラシーと呼ぶか、クリティカルシンキングと呼ぶのかについては別にどちらでもよいと思うのですが、そういう思考を身に付けてほしいと思っています。私の憲法の授業は基本的に私が一方的に話すのではなくて、学生に当てていきます。そういう対話を通じて、さまざまな問題を炙り出し、その中でリテラシーを鍛えられればよいかと考えています。

より具体的な例で示しますと、自由を規制する目的と、規制する手段を具体的に検証する思考が身に付けばよいと思っています。たとえば、中学校などの校則にあるツーブロック禁止です。

校則によるツーブロック禁止について、東京都議会二〇二〇年三月一二日予算特別委員会の質疑において、藤田裕司教育長は、次のように説明しています。「校則は、生徒が健全な学校生活を営み、よりよく成長していくことができるよう、必要かつ合理的な範囲で定められた学習上、生活上の規律でございます」。ツーブロック禁止の理由としては、「外見等が原因で事件や事故に遭うケースなどがございますため、生徒を守る趣旨から定めているものでございます」。

しかし、規制の目的で、外見等が原因で事件や事故に遭うということですが、果たしてどのぐらいの確率なのでしょうか。団塊ジュニアの私にとって、一九八〇年代に、長髪にしていると不良に目を付けられて絡まれるというのは現実的であり、そして具体的な危険でした。しかし、今はそこまで危険があるとは思えません。昔の発想で極めて抽象的な危険がある段階で、規制しているように思えます。このように目的と手段関係を考えて、身の回りの物事を考察するようなリテラシーを身に付けてほしいと思っています。しかし、ツーブロック駄目ですかね。これは刈り上げとどう違うんでしょう。どうも私には理解できません。

【四】　教師教育の課題

教職のための憲法は二単位が必修ですが、やはり限界があります、私の授業の場合は、人権が中心になります。憲法には憲法総論、たとえば九条の話もあり、統治もかなりのボリュームがありますが、これを二単位、九〇分授業一五回程度で全部やるのは難しいです。しかし、二単位の授業を通じて、学生には自らを中立と思っていても、実は多数派の価値観を有していること、その上で、少数派へのまなざしを持ってほしいと考えています。憲法は、九九対一になっても、一の人を守るという発想ですから。

とりわけ道徳的な意味でかわいそうだからみたいな発想ではなく、やはり一人一人それぞれに尊厳があり、自由があるということです。たとえばＬＧＢＴの問題です。ＬＧＢＴ理解増進法では、三条に「性的指向及びジェンダーアイデンティティを理由とする不当な差別はあってはならない」と明記されましたが、一二条に「この法律に定める措置の実施等に当たっては、性的指向又はジェンダーアイデンティティにかかわらず、全ての国民が安心して生活することができることとなるよう、留意するものとする」とされました。多数派の「安心」へ配慮しなければならないのです。これではＬＧＢＴの理解増進というよりも、反対している人たちが指摘するように、差別促進になりかねません。憲法の話にたとえれば、表現の自由は保障するが、「全ての国民が安心して生活できることになるよう配慮すべし」となれば、自由な批判ができなくなり、多数派とは異なる意見を言いにくい雰囲気を作り出します。

また、二〇二三年七月一一日、経産省に勤務するトランスジェンダーの職員の人のトイレ使用をめぐって最高裁で判決が出ました。この方は職場のあるフロアの女性トイレの使用を認められず、二階以上離れた女性用トイレを使うようにとされました。人事院は、他の女性職員の「違和感」を考慮したようですが、これも少数派へのまなざしがあったとは言えないでしょう。

実は憲法学が反省しなければならないことがあります。らい予防法、つまりハンセン病患者の強制隔離について、多くの憲法学者はおそらく気付いていたと思いますが、その違憲性を唱えたりする研究や論文がほとんどありませんでした。この反省を踏まえれば、ＬＧＢＴ問題については憲法学で積極的に取り組むべきでしょうし、それに対する学生の理解をどう深めるかについても重要な課題に思えます。

それから、教師になると、人権感覚が麻痺することがあります。教員免許更新講習が数年前までありましたが、私の昔の学生も教員になると変わってしまうようなことがありました。やはり管理する側になると変わってくるんですね。「斎藤先生は大学で自由とか言ってるからいいんですけど、現場は違うんです」とか言い始めます。しかし、以前学んだ人権の重要性を今一度、思い出してほしいところです。もちろん私も親になり、子どもも中学生で反抗期となると、常に気を付けなければと思っています。

最後に

報告の本筋から離れ、番外編になるかもしれませんが、二〇二二年の参議院議員選挙でガーシーが当選したのには驚きました。なんと二七万票も獲得しています。片山さつきさんが二九万票です。自民党六位ですが、特定枠が二枠ありますので、実質的には四位で、ガーシー元議員はここに匹敵するということです。日本教職員組合が応援している立憲民主党の古賀ちかげさんが、ガーシー元議員の半分ほどの一四万票ということを考えると、組織票も敵わない票数ということになります。

ガーシー元議員の票数の前で、われわれの主権者教育はいったい何だったのかと自問自答しました。確かにNHK党の選挙戦略は上手かったです。投票の際、「二票目はガーシーって書いてね」ってわかりやすいんです。それで「書いたらTwitterに上げてね」って。Twitter上、かなり盛り上がりました。またある方は、「嫁さんと二人でガーシーに投票した。五八歳にして最初の投票」。われわれは主権者教育をこれまでいろいろやって来たのに、彼を五八歳になるまで選挙へ導けなかったんです。従来の主権者教育の敗北かもしれません。この敗北感をどう皆さんと共有したらよいかという問題提起で終わりにしたいと思います。ご静聴いただきありがとうございました。

社会科・公民科教育法における憲法の教え方

大正大学　名誉教授　吉田　俊弘

【一】 社会科・公民科教育と社会認識の形成――憲法教育との関係で

「社会科・公民科教育法における憲法の教え方」をテーマにしたとき、私が意識するのは、教師は学生時代に一通り憲法を学んだけれども、それを生徒に教えるためには自分の中でその学びを再構成する、つまり学び直しをしなくてはならない、ということです。憲法を理解するためには何を学習すべきか、あるいは、どのように学習するのが適切なのかを考え、自ら学び直してよい教材を作成し、学習のための教授法を考えるというのが社会科や公民科の教師の役割になるわけです。大学の教科教育法の授業でもこのような点に配慮して進めたいと考えています。

ところで、この社会科とか公民科という教科は、何を対象としているかというと、おもに社会事象を対象としています。社会で起こるさまざまな出来事を対象とし、それを捉えることができるかどうかというところに一つのポイントがあります。しかし、世の中にいろんな出来事が起こっていても、それ自体はいくら見ようと思っても見えないんですよね。ニュースなどで取り上げられる事件であっても、問題の本質や構造をどのように把握したらよいか、なかなか捉えられないし、ましてや問題に対する自分の意見をつくることもできない。そんな状況があるのです。

それに対し、こうした状況を転換し、それを何らかの形で自分の目で見ることができるようにする、捉えられるようにするという、そういう能力を身に付けることができるようにするのが、社会科・公民科教育に課せられた役割の一つだと思うわけです。このような力は、社会科・公民科教育の世界では社会認識の力を育てるといいますが、この力を育むのはそう簡単ではありません。

対比的にいえば、自然科学の世界には肉眼では見えないものを見ることができるような装置がいろいろとありまして、電子顕微鏡とか望遠鏡とかを使って見ると肉眼では見えないような世界が見えてきて、おお、これを使えば見えるじゃないかって話になるんです。ところが社会科学の世界では、社会事象を捉えるための道具はありません。いくら目を凝らしても肉眼では捉えることができないのですね。そんなとき社会科・公民科という教科が貢献し得るのは、比喩的にいえば電子顕微鏡や望遠鏡といった道具に代わって自分の頭の中に何らかの装置を組み立て、それを用いて社会事象を見えるようにするということです。脳内に社会を認識するための概念装置を組み立て、社会を見ると、肉眼では見えないさまざまな事柄が見えるようになると説いたのは、経済史家の内田義彦さんです(1)。内田さんによると、概念装置とは「専門語の組み合わせ」です。これ自体、非常に抽象的で難しく感じられるかもしれませんが、こんな装置を脳内に組み立て使うことができるようになると、ソクラテスのような天才でなくても、普通の人が世の中の仕組みを捉えたり、何が問題になっているかその構造がわかってきたりする、というわけです。社会科・公民科教育にひきつけていえば、このような概念装置を脳内に組み立て、社会を認識できるようになることが大切です。最初は素朴で、社会を認識するには精度が低いかもしれないけれど、その装置をより精緻なものに組み直していくことが教育の課題となっていくのでしょう。

それでは、どうしたら社会を認識できるような概念装置を脳内に組み立てることができるのでしょうか。内田さんは、専門語を組み合わせたものが概念装置だと言っていますから、概念装置を構成する幾つかのパーツとなる知識を獲得し、それを組み合わせ、概念として構成していくことが求められます。憲法教育の場合、憲法学習に必要なパーツ（知識）を用いて概念を構成し、社会事象（問題）を捉え認識することが求められますから、憲法の視点から社会事象を認識し、考察を進めるためにどのような知識を身に付けるとよいかが問われることになります。

【二】 高校生は憲法学習で何を学んでいるか

では、現在の高校生は、高校卒業までに憲法に関するどのような知識を学ぶのでしょうか。これを知るためには、憲法研究者グループが二〇一三年に実施した一二大学一四八一名の調査結果が参考になります(2)。これは、憲法に関する学習要素七五項目を抽出し、これらの学習要素それぞれについて「詳しく習った」「習った」「あまり習っていない」「まったく習っていない」「テレビや新聞で知った」「わからない」という選択肢から大学新入生が回答する形式で調査を行ったものです。この調査結果を簡潔にまとめてみますと、七五の学習要素のうち「詳しく習った」「習った」との回答数がもっとも多かったのは、日本国憲法の三大原理に関する事項や三権分立であり、基本的人権の中では自由権よりも社会権や新しい人権に関する学習率が高くなっていました（いずれも八〇％以上。以下、数字は学習率を指す）。他方、憲法の私人間効力や憲法尊重擁護義務の学習率はいずれも一七％と低く、人権分野では、適正手続の保障（一二％）、令状主義（二五％）、死刑制度（四〇％）など、人身の自由や刑事手続に関連する事項の学習率が低い傾向が見られました。政治制度に関しては、国会（六三％）や内閣（七一％）に比べると、司法（四二％）の学習率が低くなっていました。

このような調査結果を分析し見えてきたことは、現在の学校の憲法教育においては、国会・内閣、参政権など、民主主義に関する学習に比重が置かれ、司法制度や適正手続の保障など、法による権力統制に関わる学習の比重が相対的に小さくなっていることです。今後は、社会科・公民科教育においても、こうしたアンバランスを是正し、多数決を中心とする民主主義に関する学習要素に加え、適正手続の保障、司法や違憲審査権、少数者の権利保障など、法による権力統制に関わる学習要素をカリキュラムに正当に位置づけることが課題となるでしょう。

次に、法による権力統制という視点から、立憲主義というキーワードを取り出し分析を行いました。先の憲法研究者グループの調査によると、二〇一三年当時の立憲主義の学習率は五三％で高い数字とはいえません。これは、当時の時代状況を反映したものといえるでしょう。そこで、私は、自身の授業を受講している大正大学七九名（二〇一六年実施）、法政大学四八名（二〇二三年実施）の学生を対象に同様の調査を行い、立憲主義の学習率を調べてみました。もちろん、一二大学調査とは規模も項目も異なりますから単純に比較することはできませんが、それを前提に申しますと、大正大学では八八％、法政大学では九八％が立憲主義を「詳しく習った」「習った」と回答しており、この十年間で立憲主義の認知度は飛躍的に高まったということができるでしょう。

そこで、これに加えて、立憲主義に関わって「憲法の名宛人は誰か」（誰に向けられたものか）を問うアンケートをつくり、国家（公）権力を拘束する法であることを理解できているかどうかを調べてみました。すると、多くの学生が「国民こそが率先して憲法を守らなければならない」と捉えていることがわかってきました。その見方に従うなら、憲法は何よりもまずは国民に向けられた規範であることになります。その理由としては「最高法規である憲法に国民は拘束されているから」とか「国会議員、国務大臣、国民、いずれも同じ国民であり、憲法に従わなければならないから」という点があげられていました。(3) この十年間で立憲主義の認知度は飛躍的に向上していますし、そのことは評価できるのですが、その意義が実質的に理解されているかどうかについていえば不安の残る結果です。大学入学したばかりの学生も「憲法が何のために存在するのか」という、その根本的な問いについては学んでこなかった可能性があるのです。

このような現状をふまえ、憲法教育上の課題として浮かび上がってきたのは、「内閣総理大臣をはじめ、『国に関わる仕事』をする人たちが『専横な権力者』のようには見えないのに、敢て『縛らなければいけない』という論理を実感させることができるか(4)」ということです。この点は、権力への懐疑という、憲法を理解するための要になるところです。憲法については、権力をどのように構成するか（民主主義）、そして、いったん構成された統治権力をどのようにコントロールするか（立憲主義）、という二つの視点から学習が行われる必要があるわけですが、とくに憲法には他の法律とは異なる固有の役割があることを押さえておきたいところです。テストで「立憲主義」という語句の空欄穴埋めができたから「わかった」ということではなく、憲法のエッセンスがきちんと身につくような、いわば質の伴った教育へと転換していくことが大切です。

【三】 憲法の学び方・教え方――安井俊夫実践を手掛かりに

それでは、そのような質の伴った教育を進めるためにもう少し知識の質を吟味してみようということになります。教職課程を履修する学生に模擬授業をやってもらうと、教科書の太字の語句を一生懸命教えようとしています。しかし、教科書に太字で書いてあるから教えますというように授業を進めていくと、結局、教科書に書いてある世界で学習が完結していくようなことになりかねません。たとえば、表現の自由は憲法二一条で保障されていて検閲は禁止されているんだということは覚えるけれど、その結果、表現の自由は教科書の中の憲法条文の世界にとどまり、現実の社会との結びつきがないまま学習が終わってしまう、そういう可能性があります。このような学習を続けても、現実の社会に起こる人権問題に向き合い、それを対象化して問いを立て分析していくような質の伴った知識は身につかないのではないかと心配になってしまいます。これでは、憲法を認識するための概念装置を構成するパーツとしての知識はあまりにも底が浅く、ひ弱な感じがします。ましてや憲法を自分のものにすることはできないでしょう。

そこで、だいぶ古い実践例になってしまいますが、千葉県の中学教師、安井俊夫さんの授業(5)を取り上げ、その特質を受講生同士で分析し検討することにしました。安井実践の特徴は、憲法の条文を解説するだけにとどまらず、表現の自由が実際に社会の中でどのように使われているかを意識することから始まります。つまり、新聞などの報道を手掛かりに表現の自由が社会でどのように行使され、どんな役割を果たしているかを考えていくのです。ここは、生徒にとって表現の自由と社会とのつながりを感じさせられる場面です。一般的な授業であれば、表現の自由の授業はここまでやったらおしまいにして、新しい単元に進んでいくかもしれませんが、安井さんは、ここで満足せず、次のレベルの学習へと生徒を誘っていきます。そこでは、表現の自由が制限されてしまう場面を設定し、その制限の是非をめぐって生徒同士が議論しながら検討するという授業が待っています。表現の自由の理念が大切であると教わるだけでなく、実際に起こった表現の自由が制限された事件をもとに多様な視点から問い直しが求められていきますから、生徒にとってはかなりハードな学習になっていきます。このときの授業では、有楽町駅出口前の路上で、ラッシュアワーの混雑にもかかわらず警察署長の許可を取らずにビラを配っていた人が捕まったという事件が教材化され、道路交通法七七条違反が論点となっているのですが、そうすると、生徒の中から「ラッシュアワーの時間帯にビラ配りなんかやっていたら迷惑だ」とか、「憲法で表現の自由が保障されていても迷惑だったらやめたほうがいいんじゃないか」みたいな意見が出てくるわけです。もちろん、それに対する反論も出てくる。「ビラ配りが取り締まりされたら、表現の自由の意義が失われるのではないか」といった意見も出てきます。

安井さんは、生徒がいわば建て前として理解していた表現の自由に対し、現実に語られる迷惑論など別の視点や制約論をぶつけ思考を揺さぶっていくような授業を展開することで、表現の自由の意義を吟味し、再考するような場をつくっているのです。安井実践は、生徒が自分とは異なる意見にも耳を傾け、意見の相違に葛藤しながら、自分の意見を再構築するプロセスを保証しているのですね。このように、人権の知識を自分のものにしていくような学習に注目すると、四十年前の安井実践を検討する意義は現在においても十分にあるように思うのです。

【四】憲法を実現・保障するための仕組みや方法を学ぶ

次に、安井実践の成果を引き継ぎながら、現代的な課題に向けて憲法教育の内容と方法をヴァージョンアップしていくことを提案したいと思います。と、いいますのは、教科書にはたくさんの人権の名称や国会、内閣、裁判所などの権限が書かれているのですが、それ自体がバラバラで有機的につながっていない印象を与えているからです。憲法が国内法秩序において最も強い効力を持ち（最高法規）、権力相互の抑制と均衡をはかることを通して国家権力の濫用を防止する仕組み（権力分立）を採用していること、また、憲法保障と人権の確保の実効性を高めるため、憲法に違反する法律や命令等を無効とすることができる仕組み（違憲審査制）を採用していることなどは、立憲的意味の憲法の主要な特質を理解する上で欠かせない学習要素となりますが、これらの知識が現実の政治や人権保障の仕組み、権利の行使となかなかうまく連動していかないのですね。国会が立法権を持ち、内閣が行政権を持つことを暗記するだけでなく、その意味を具体的な人権保障の課題と結びつけ、それぞれがどんな役割を果たしているかを学んでいくことが大切です。

たとえば、社会権は憲法典に規定されたことで自動的に保障されるわけではありません。労働に関する人権は、労働三法や労働契約法、男女雇用機会均等法などの法律を制定することによって雇用者の権利を一定程度制約し、労働者という社会的・経済的弱者の人権を確保する仕組みを採用しています。また、生存権も同様に、憲法典に規定されたことで自動的に「健康で文化的な最低限度の生活」が保障されるわけではありません。この場合、生存権の実現・保障の仕組みを理解するためには、憲法が規定する「健康で文化的な最低限度の生活」水準が、立法ルートや行政ルートを通して、どのように実現されるのかを具体的に見ていく必要があるでしょう。そのためには、経済学習にも関連付けながら社会保障の仕組みとその現状、社会保障の財源を学ぶほか、給付の仕組みや申請主義といった福祉行政の現実なども学習に組み込み、法、政治、経済の各視点からトータルに問題を把握し、検討したり必要に応じて実際に人権を使ってみたりするような学習が望まれます。このような学習の軸に置かれるのは、憲法第二五条の生存権規定となりますが、社会科・公民科における憲法教育では、人権保障のプロセスが可視化できるように教材を編成することが欠かせません。さらにいえば、法律の制定や福祉行政などの民主政のルートによる生存権の実現が不十分な場合は、生活保護減額訴訟などを教材化し、裁判所による判断がなされることも視野に入れ、司法ルートによる人権の保障について学習を進めることができます。

　このように、これからの憲法教育を構想するならば、憲法条文を頭の中で覚えるだけでなく、現実社会の中で憲法や法が生きて働く場面を教材として示し、憲法を実現・保障するためのルートを探究しながら憲法認識を深め、憲法を使ってみること、そして自分のものにしていくような学習を組織していくことが重要になっていくでしょう。

【五】 学校と憲法――「身近な」教材の陥穽

近年、日本では法教育の研究と実践が活発に行われるようになり、「社会生活における物事の決定の仕方」に着目したルールづくりなどの実践が見られるようになりました。たとえば、学校生活を題材に取った「体育館の使用に関わるルールづくり」などの教材が発表されています。ここでは、一つしかない体育館を複数の運動部が使いたいときに、どのように使用のルールを決めるとよいかが学習課題となります。このようなアイデアは、「対立と合意」「効率と公正」の観点から身近なルールづくりの手続きや内容について考える視点を豊富に引き出すことができるため、思考訓練の機会を提供するという点でも優れた教材といえるでしょう。

ところが、社会科・公民科教育法の授業でこの教材を取り上げ、分析を進めたところ、複数の学生から「教材は面白いが、こんな学習をやっても現実の学校のルールは変わらないですよ」という意見が出されたのです。学生によると、身近な教材がかえって生徒に無力感を抱かせてしまう、というわけです。学校現場の建て前と本音を衝いた、なかなか鋭い指摘です。憲法教育を進める際にもこのことは十分に自覚しておく必要があるでしょう。不合理な校則やルールなど「身近な」学校の問題を教材として使うのであれば、現実的な改革への展望を教師個人だけでなく、教師集団としても共有していなければなりません。法教育や憲法教育を支える学校教育の条件や教育の基盤を整えていくこともこれからの授業づくりには欠かせないということになりそうです。そのこともこれからの検討課題に加えることを提案し、私からの報告と致します。

《注》

（1）内田義彦『読書と社会科学』（岩波書店、一九八五年）一四一頁以下。

（2）岩切大地・岡田順太・大林啓吾・横大道聡・手塚崇聡「大学入学時における憲法学習状況の実態調査」立正大学法制研究所研究年報、第一九号、三頁以下（二〇一四年）。

（3）吉田俊弘「憲法教育と高大接続」大正大学教育開発推進センター年報、二号、三四頁以下（二〇一七年）、及び横大道聡・吉田俊弘『憲法のリテラシー』（有斐閣、二〇二二年）七二頁以下に詳しい解説があります。

（4）上田理恵子「教員養成課程における日本国憲法教育を考える」熊本大学教育実践研究、三三号、一五九頁（二〇一六年）。

（5）安井俊夫『主権者を育てる公民の授業』（あゆみ出版、一九八六年）四三頁以下。

憲法学から見た日本の学校教育

早稲田大学教育・総合科学学術院　教授　遠藤　美奈

【一】　憲法から見た教育

こんにちは。早稲田大学教育・総合科学学術院の遠藤です。普段は憲法を研究して教えています。私は市民教育や教師教育に直接携わってきてはおらず、生存権や社会保障を中心に研究してきました。そうした、少し教育から離れたところにいる憲法研究者から学校教育はどう見えるのかが今日のお話です。私が授業で教えている内容と一憲法研究者から見えている教育にはギャップがあるように思われ、そのギャップの中に、今日のテーマである「憲法の考え方」を伝える上で、大学が未来の教員に対してできることを探るヒントがあるかもしれないと思われるところです。

では、まず憲法学は教育をどう捉えているのでしょうか。憲法二六条は、国民の教育を受ける権利と、義務教育に関する保護者の義務及びその無償を定めます。憲法学の長谷部恭男先生は、旭川学テ訴訟最高裁判決（最大判昭和五一・五・二一刑集三〇巻五号六一五頁）に触れつつ、「教育は子どもが『自由かつ独立の人格』として成長するうえで不可欠のサービスであ」り、「自律的に生きる人間となるうえでも、また市民として民主政治に参加する能力と資質を備えるためにも、自由かつ独立の人格となるための教育が必要」と書かれています。[1] 最高裁判所はこうした「一個の人間として、また一市民として成長、発達し自己の人格を完成、実現するために必要な学習をする固有の権利」としての学習する権利をすべての子どもがもっており、これに対応して、「その充足をはかりうる立場にある者」は子どもを教育する責務を有すると述べているのです。

こうした理解によれば、学校は子どもの学習権を充足する中心的な場であり、学習権が実現されることで目指されるのは、子どもたちが自律的に自らの生を構想できるようにすること、そして他者と共に民主政治に参与してゆけるようにすること、と理解されます。学校教育でもこの二つが究極的には目指されるとすれば、教師教育や憲法教育もそのことをまず念頭に置くべきでしょう。実際の学校現場でそうなされているかを評価するのは私の能力を超えるので、本日は先に述べた教育の目指す二つの事柄がよりよく実現されるための条件を考えていきたいと思います。

【二】　学校教育を関係的に捉える——関係的アプローチから

関係的アプローチは物事の捉え方の一つの枠組みです。ここで取り上げるのはカナダの法・政治理論家であるジェニファー・ネデルスキーの議論であり、簡単にいえば、物事をそれぞれではなくその相互のつながりからできる関係性——それの良し悪しではなく——の中で捉えようという主張です。子どもは人格としては未完成で自律という能力を身に付ける途上にあり、誰かに面倒を見てもらって生きていますが、実はそれは子どもに限られず、大人でも人間は誰かとの関わりの中にあって、現実にはまったく一人 independent で生きてはいない、むしろ依存 dependent

が人間の条件の「定数部分」であって人間生活のあらゆる側面に偏在し、それどころか社会生活を営んでいる普通の人なら、依存とは、誰か特定の人への依存といったレベルを超えて、人間の生が見知らぬ多くの人の存在や、行政や制度やときには自然そのものによって支えられている、そしてそうした関係性は入り組んだ構造になっている、そうした中で物事を捉えるということです(2)。

そうすると、そこでの自己 self もネデルスキーによれば当然ながら外部との関係性の中で育まれる関係的な自己 relational self です。先に触れた旭川学テ事件の示す教育の目的を自律の能力と市民性の涵養とまとめるならば、この自律の能力や市民性もこの自己が構成されていくプロセスで涵養されることになります。

学校教育を関係的に捉えると、それは家庭・学校・地域社会、教育委員会や文部科学省等の行政、それから地域・国の各レベルの民主政治という場と、それらを制度として構成する諸ルール、そして児童生徒と家族、教職員／学校管理職、官僚・政治家といったアクターとの相互行為 interaction によって動いていくものと理解されます。そこには多くの競合する利益が交錯し、優先順位には当然に争いがあります。憲法論からすれば、学校教育をめぐるこうした関係性が、総体として、児童生徒が自律的に生きる人間・個人となるようにすること、市民として民主政治に参加する能力と資質を育むこと、を目指していることが憲法上の要請になります。「総体として」とは、教師と子どもの関係のように、学校教育を構成する関係の中に不可避的に存在する非対称の権力関係を単体で問うのではなく、その権力関係が学校教育をめぐる関係性の全体において、自律の能力や市民性の涵養に資する形で用いられているかが問われることを意味します。全体の中に存在する個別の権力関係が良いか悪いかという話ではないということです。

【三】　自律の能力の涵養

先述の関係的な自己とは、完成品ではなくて、ongoing で継続的に作られ続けるダイナミックな自己です。ネデルスキーによればそこでの自律 autonomy は、そうした自己を継続的で相互的に関係性の中で創出していく能力の核心部分であり、他人から切り離された自立 independent とは異なります。自律は創造的な相互行為のための能力でもあり、何かを単純に「選択する」とか「自己の欲することを行う」ことでもありません。自律そのものの定義はその難しさからネデルスキーも示しませんが、なお、autonomy の字義に照らして、自律的になることは「自分自身の法を見いだす find your own law ことができ、それに沿って生きられること」だと述べます。「見いだす」とは、自分自身の法は自分で編み出したものではなく、自分の法ではあるがそれさえその人が生きる社会とその生の一部をなす関係性によって作られている、つまり外から与えられたものから成るという趣旨です。何かを自分自身のものにするプロセスさえ、私たちがその一部を成しているさまざまな関係によって可能になるのであり、さらに自分の法を発見して発展させるのも他者との関係の中である。自分自身の法は認識され展開されて、実践の中で再帰的に確認され、さらに変遷して、それは一生涯続く、とネデルスキーは言います(3)。

では、具体的に学校現場で、子どもたちが「自分自身の法」を他者との関係性の中で見いだして認識し展開し、再確認できるようになるために、教師が子どもと具体的にどう向き合えばよいのでしょう。少なくとも子どもが自分自身の頭で考えてそれを表現することを妨げる接し方は自律の能力を育むことを指向しているとはいえないでしょう。これはすなわち双方向の対等なコミュニケーションのありようが問われる論点です。

【四】　市民性の涵養へ――対等性を承認できる社会の構想可能性

ここからは市民性、民主政治に参加する能力と資質の涵養に関わるお話です。法社会学の長谷川貴陽史先生が、ドイツのニクラス・ルーマンという社会理論家を引きながら、排除と包摂とは人が社会システムの内部で人格として、すなわちコミュニケーションの相手方として認められるかどうかに関わると述べています。[4] それは誰がコミュニケーションの相手方として認められる存在たり得るか、非対象の権力関係の中でそれはいかにして叶えられるかという問題です。

まず少なくとも、子どもが発展途上ながら一個の人格を持った人間であることが児童生徒と相対する教師によって、権力関係の非対称性にかかわらず明確に承認される必要があるように思われます。もちろん子どもたちは非常に多様で、教師には一人一人に応じた対応が求められますが、それとは違ってここにいう子どもの一人の人格としての承認とは、子どもの未熟さや児童生徒という属性、それぞれの個性やアイデンティティや差異にかかわらず、他のすべての個人との「等しい価値」を持つことの承認であって、子どもと相対する教師自身が、相手を自分と対等の存在・コミュニケーションの相手方として承認することを意味します。これが重要だと思われるのは、社会の構成員が相互に対等で互いの声を聞き合う業《わざ》を各自が具えていることが、民主主義が機能するための前提であるように思われるからです[5]。もちろん、民主主義がどういうもので、どういった手続で実践されるかの知識は民主政治への参加に必要ですが、それとは別に、その社会の構成員が聞かれるべき声を持つ存在として他の構成員から承認されていることは、民主主義社会の中で行き交う声が抑圧されたり捨て置かれたりしないための基本条件であって、教室という、それ自体は民主的意思決定の場ではないとしても民主政治に参加する能力と資質が育まれるはずの場でも実践されるべきことと思われます。では、「あなたはそこにいることが承認される」、といった規範は憲法から導けるでしょうか。ここでご紹介したいのが、中山茂樹先生の憲法論です。

【五】　憲法一三条における自律能力を前提としない権利・利益

憲法一三条は、個人としての尊重と、生命・自由・幸福追求に対する国民の権利を規定します。中山先生によれば、生命への権利は自由や幸福追求への権利とは異なり、個人の選択や意思決定を内実とせず、自己決定の能力の有無とは無関係に保障されます。そうすると憲法の定める権利には、多様な異なる生き方を有する諸個人の自由な発展が保障される面（自由の保障）と、各人がどう生きるかという選択以前に、類としての人に属する者すべてにただ人であるというだけで基礎的に確保されないといけない人としての存在や扱いが保障される面（存在の保障）の二つがあることになります。後者には身体を含めて読むこともでき、憲法一八条の奴隷的拘束からの自由や三六条の拷問及び残虐な刑罰の禁止でカバーされない、一般的な身体に対する権利の根拠として、身体への侵襲・接触等を受けないこと、健康（身体の生理的機能）を害されないこと、および肉体的苦痛を受けないことへの保障が含まれ、そうした扱いを受けない、あるいはそうした扱いを含まない扱いを受ける権利を内容とすることになります。

こうした「扱い」への権利は、生命や身体だけでなく精神的側面にも妥当し、適正処遇への権利として構成されると考えられます。拷問や奴隷的拘束を受けると身体だけでなく心も損なわれるからです。個人が「人として」扱われないことを問う点で、国連の自由権規約七条やヨーロッパ人権規約八条が禁じる「非人道的なもしくは品位を傷つける扱い」を受けないことの保障とも重なり、それは「人として」の扱いの「最も基底的な部分」に当たると中山先生は指摘します。その意味で適正処遇への権利は、刑罰を科す際や行政による不利益処分の場面に限られない、より一般的な要請です。中山先生によればその基本的内容は、「個人に対して何かがなされるときには、その人が『人として』扱われなければならず、そのためにそれにふさわしい手続が求められる」とされます。人は「独自固有の存在意義を有する人格（かけがえのない個人）として敬意をもって扱われなければなら」ず、「物のように扱われてはいけない」のです。私人間でも基本的に妥当するこのような原則は、一三条前段の「個人の尊重」に含まれ、それを承けて同条後段で「人として扱われる権利」と呼びうるものが保障されるのです[6]。

対等なコミュニケーションの相手方として子どもの存在を承認する、「人らしく」遇するという点では、自律の能力を前提としないこの権利利益が憲法条文から導かれることがもっと認識されてよいように思われますし、さらにいうと存在の保障とか適正手続を取り上げたのは子どもだけではなくて、教師もまたその存在を承認されふさわしく遇されるためでもあります。

【六】教師の「人として」の処遇と教育

教師の過酷な労働はよく知られていて、中学校教諭の三人に一人の労働時間は在校時間が週六〇時間を超えるために、厚生労働省のいう一月当たり八〇時間の時間外労働という「過労死ライン」を超えます。(7) 憲法二五条は国民の健康で文化的な最低限度の生活を営む権利を定めますが、働かせ方が心身の健康を損なうならこの条文の遵守が問われるべきですし、品位を傷つける扱いがあれば一三条からも問題になります。そもそも労働基準法は大原則として週四〇時間を超えて労働させることを禁止していますが、公立学校教員の労働を規律する給特法（「公立の義務教育諸学校等の教育職員の給与等に関する特別措置法」）は、時間外労働をさせることが許される労基法上の条件としての割増賃金ではなく給与月額四％に固定された教職調整額を支給し、かわりに実習・行事・会議・災害等のやむを得ない業務（超勤四項目）以外は時間外勤務を命じてはいけないと定めます。問題は、実際には教員の時間外勤務の多くが禁止されているはずの超勤四項目以外の業務で占められ、文部科学省によればそれらは校長の関知しない自発的行為なので残業には当たらないとされている、という法の運用です。関係的アプローチから見れば、学校管理職や行政との関係では教師自身も弱い立場にあり、この非対称な権力関係を対等にする憲法上の装置は労働基本権であるはずですが、公立学校の教師はこの権利が地方公務員法で制限されています。その制限を正当化してきた人事院勧告の公立学校への間接的波及も、国立大学法人化で法的裏づけを失い、この労働基本権制約の正当性も極めて疑わしいのが現状です。こうした憲法上の問題を伴った心身を傷つける労働は、存在の保障や適正処遇の権利の観点からは大きな問題といえます。

のみならず、少なくとも公立学校の教員はその労働条件を決定する行政当局を含め政治部門から、対等なコミュニケーションの相手方として承認されているとはいえない状況なのではないか。そのことをもって、教育法学の髙橋哲先生は「当事者排除」(8)とおっしゃっています。ここでは、「影響を受ける可能性のあるすべての人が合理的な討議に参加する者として同意できる行動規範だけが有効である」(9)という、ドイツの哲学者ハーバーマスが定式化した討議倫理が想起されますが、自らは参加できず同意もしていないのに労働条件が決められ、代替措置もないことを考えると、「働かせ方」のルールとしての有効性は疑問と言わざるを得ません。こうした正当化理由に乏しい当事者の声を聴かない決定のあり方が教育をめぐる関係性の中に置かれていることを、民主主義におけるコミュニケーションのモデルとしてどう評価するかが問われるのだと思います。

のみならず、教師の労働条件というのは子どもの教育条件に直結するということも意識しておきたいと考えます。行政法・教育法の兼子仁先生はかつて、学校教師の労働条件や身分保障は教師の人間としての生活条件であることに加えて子どもたちが良い教育を受けるために必要な教育条件である、だからそれらの条件が整わなかったらそれは子どもに響くと書いておられました(10)。

こうして問題は憲法二六条にいう「学習権」の目指すところをいかによりよく実現するかに帰ってきます。問題系は連関しており、今日ご紹介した憲法の内部でも条文相互の関係を考える必要がありますし、自律の能力と市民性の涵養、個人の尊厳、労働と民主主義のありよう、これらも相互に関わっているというのが一憲法研究者として私から見た日本の学校教育です。今日のお話がご参加の方々との「創造的な相互作用」の糸口にでもなれば幸いです。ご静聴ありがとうございました。

＊本稿は、ＪＳＰＳ科研費JP23H03654及びJP23K01089の補助を受けたものである。

《注》

（1）長谷部恭男『憲法〔第八版〕』（新世社、二〇二二年）二九三頁。

（2）遠藤美奈「『在る』ことを繕う——憲法と相談支援」菊池馨実編著『相談支援の法的構造——「地域共生社会」構想の理論分析』（信山社、二〇二二年）一四頁。

（3）遠藤美奈「支援・被支援の関係性と自律に関する覚書」同志社法学七二巻四号八八頁（二〇二〇年）。

（4）長谷川貴陽史「居住における包摂と排除——野宿者の住所の剥奪と住宅困窮者の居住確保の事例から」法社会学七四号六五頁（二〇一一年）。

（5）参照、西村裕一「〈声〉の憲法学——包摂と排除」論究ジュリスト三八号一〇六－一一二頁（二〇二一年）。

（6）以上、中山茂樹「生命、自由及び幸福追求に対する権利に関する一考察」同志社法学七二巻四号六八三－六八五頁、六九〇－六九二頁（二〇二〇年）。

（7）文部科学省初等中等教育局「教員勤務実態調査（令和四年度）の集計（速報値）について」（令和五年四月二八日、https://www.mext.go.jp/content/20230428-mxt_zaimu01-000029160_2.pdf〔二〇二三年一一月六日取得〕）。

（8）　髙橋哲『聖職と労働のあいだ――「教員の働き方改革」への法理論』（岩波書店、二〇二二年）一〇頁。本節の教員の労働に関する記述は同書に負う。記して感謝したい。
（9）　ユルゲン・ハーバーマス（河上倫逸・耳野健二訳）『事実性と妥当性（上）――法と民主的法治国家の討議理論にかんする研究』（未來社、二〇〇二年）一三六頁。
（10）　兼子仁『教育法〔新版〕』（有斐閣、一九七八年）三二七頁。この文献も高橋・前掲注八）二〇頁の示唆による。

学生の声①

早稲田大学教育学部数学科三年　田中　雷人

早稲田大学教育学部数学科の三年、田中と申します。私は数学科ですが、教員免許を取得するために二年生、昨年度に遠藤先生の憲法の授業を履修しまして、それに関してお話しをさせていただけるということで本日はよろしくお願いいたします。

まず、憲法を履修して純粋によかったなと思っております。教員にもしなったときに憲法って何ですか、と聞かれた時に何も分からない状態ではなくなったのかなと思っております。

ただ、高校生の時に理系を選択したのですが、その理由は社会がとにかく苦手だったことが一番でした。教員免許を取ろうと思い、履修するべき科目を見たときに憲法が必要だと書いてあり、正直ちょっとまずいなと思いました。憲法の授業を取ることが教員免許取得に本当に必要なことなのか考え、友人や先輩に少し意見を聞きました。まず、早稲田大学教育学部が特殊で、教員免許を取得せずに卒業ができてしまいます。教員免許を取らないで卒業しようとしている人に理由を聞いてみると、やっぱり面倒くさいというのが一番多かったです。

確かに教育学部なのに教員免許に必要な科目は聴講料を別料金払わなきゃいけないし、なぜか本来卒業で必要な一二四単位を超えて多く履修しないと教員免許が取れない。教育学部なのになぜなんだっていうふうに。教員免許を取らずに卒業できるっていうこと自体は大学に入学する前から知っていましたが、まさか別料金がかかるとは思わなかったので入ってから、これはだまされたなというふうに思ったんですけど（笑）。そういうことがあり少し面倒くさいし、やりたくないというのがあって教員免許を取らない人がいるという状況。教員免許取ろうとして憲法の授業も履修していた人の意見としては、憲法の授業でテストをする必要はあるのかと。数学科で取らなければならない憲法をわざわざ取ってるのにテストをして評価されるのはなぜだ。無条件で単位をくれと言ってる人もいました。私の意見じゃないですよ（笑）。そういう人もいる状況になってしまうのはある意味ではしょうがない部分もあるのかなというふうに思います。

無条件で単位をくれって言うことに関して良い、悪いは置いといて、そういうふうに考えてしまう理由は、やっぱり大学卒業してから憲法で習ったことをどれだけ覚えているかっていうことを考えると、正直ほとんど忘れてしまうと思うんです。たとえば、ぱっとメネラウスの定理、チェバの定理と聞いて何か思い浮かびますか。何も思い浮かばないですよね。でも、これ習うのって数学Aのはずです。高校一年生で習う内容なので文系、理系問わず高校を卒業していれば学習しているはずですよね。実際忘れてしまうものがあるっていうので大学一年生、二年生で憲法を習ってそこから先一切憲法とか社会科のことを学ばずに教員免許を取得した時にどれほど覚えているかって考えると、自分でもそれをしっかり覚えている自信っていうのはあまりないです。

もちろん教員免許を取得するために憲法を学ぶべきだという考えは間違っていないと思いますが、それを二単位で補おうとすることは間違っているんじゃないかなと私は思います。

学生の声②

早稲田大学教育学部社会科三年　中野万里奈

憲法の授業で感じたことは二点あります。一点目は事件の判決にまつわる条文を越えた「解釈」を学ぶことです。去年の夏、政治と宗教団体との関係が問題視される事件が起き、政教分離原則の現実性がニュースになりました。高校生の時にこの報道を知っても、憲法第二十条と第八九条があるから、政教分離は絶対守らなければならない決まりだとまでしか考えが及ばなかったと思います。

しかし、遠藤先生の講義で、「津地鎮祭訴訟」「愛媛玉串料訴訟」から【目的効果基準】という概念を学びました。当該行為の目的が宗教的意義を持ち、その効果が宗教に対する援助や干渉等になるか否かで判断するものです。ところが、この基準があまりにも不明確であるという批判もあり、「空知太神社訴訟」では目的効果基準を用いることなく判決を出した事例もあることを知りました。憲法の条文は、禁止されるべき行動が抽象的に記されているだけで、実際どこまで認めるのかに関する判例と、憲法制定後七六年経った中で生まれた解釈の多様性を知ることこそ、憲法を知るおもしろさのひとつと考えます。

二点目は、憲法に基づいて制定される法律は社会問題を反映するのみならず、社会問題の議論を起こすきっかけにもなることです。私が最近、関心を持った法にまつわるニュースは、女性の離婚から百日間は再婚を禁止とした民法七三三条の廃止が正式に決定したことです。この規定は、子どもの嫡出推定を明確にし、行政サービスを受けられない無戸籍の子を少なくする目的があります。

しかし、医学が発達した現在、血縁関係を解明できる技術は既に生み出されています。当該民法が制定された一八九八年はもちろん、違憲判決で待機期間が半年から百日に短縮された二〇一六年よりも社会は大きく変化している中、この法律は、時代の流れに逆行していると批判があがり、検討において、憲法一四条「法の下の平等」と二四条「両性の本質的平等」が議論の軸になりました。

日本はジェンダーギャップが大きいと指摘されて久しく、この課題が公共性の高い法律にまで現れている。つまり、社会課題が法に反映されていると言えます。また、当然とみなされてきた法律が、訴訟を通して憲法に基づいて批判がなされて改正されたり、社会課題を提起する契機にもなり、法や政治に見られる社会課題を批判する上で、憲法は拠りどころになると考えます。

以上から、憲法を学ぶ意義とは、スケールを変えて考える複数の視点を培うことだと思います。確かに、普段の生活で憲法や法律と直接関わることはほとんどないでしょう。しかし、憲法が日本の政治と人々の暮らしをつくる土台であることは間違いありません。だからこそ、マクロとミクロを行き来する段階的変化のある視点が必要であると考えます。憲法は社会課題を批判する上で拠りどころである以上、具体的事件について、まずは法律、次は判例、最後は憲法で照らし合わせて法律の違憲性の議論にまで上昇させる、視点を広げていくことが求められます。

反対に、合憲性が十分に検討された法律・判例がその後の他の事件でどう影響しているか、関連性を見るには個々の事件に立ち返る、視点を絞っていくことが必要でしょう。憲法を学ぶ上では、視点を固定せず、見方を段階的に変えていく考え方が要求されると思います。加えて、拠りどころである憲法の内容自体もまた、時代の変化とともに揺らいでいます。憲法九条改憲問題が代表例ですが、絶対確実的な決まりはないと気付くことも憲法を学ぶ意義だと考えました。

大学で法学系の分野を学ばない限り、ほとんどの生徒が憲法にふれる機会は中学校・高校までです。その短い授業の中で、憲法を学ぶ意義を少しでも掴んでもらうためにはどうしたら良いのか、教職を履修する私自身の課題であると思います。

総括討論

早稲田大学教育・総合科学学術院　教授　近藤　孝弘
明治大学法学部　教授　斎藤　一久
大正大学　名誉教授　吉田　俊弘
早稲田大学教育・総合科学学術院　教授　遠藤　美奈
早稲田大学教育学部数学科三年　田中　雷人
早稲田大学教育学部社会科三年　中野万里奈

近藤：ここから総合討論に入っていきたいと思います。

これまで三人の先生方と二人の学生さんから、憲法を学び、また教えることをめぐってお話を伺ってまいりました。すでにたくさんのご質問やコメントをいただいています。ご質問はそれぞれの先生にお伝えしてありますので、ここからはご回答の方、よろしくお願い致します。まず斎藤先生、よろしいでしょうか。

斎藤：ご質問は、学生ないし市民の一般的な感覚としては、とりあえず憲法は守るべきだというもので、これを逆手に取って九条を守ったり自由や平等を守るということにしたらどうでしょうかということです。これは英語で言うとobserveではなくてprotect、ドイツ語でしたらbefolgenではなくschützenみたいな話になってくると思いますけれども、守るというのには二重の意味がありますので、そういうアプローチも可能であると思います。

ただ私としては、憲法を一つの学問領域として学んでもらうことで、対国家的な関係をまず伝えたいところです。また報告では言及し忘れましたが、権力への懐疑という感覚を身に付けてほしいと思っています。

われわれの中には、国は必ず正しいことをしてくれるという意識があります。たぶん自分が被害者になるような状況に置かれないと、国は大体正しいと思いがちです。実際、正しいことをやってもらわないと困るんですけども。でも現実には国は誤ることもあるし、問題のあることもします。権力への懐疑という感覚をぜひ身に付けてほしいというのがありますので、対国家的な人権観、自由観というのが大事だと思っています。

近藤：ありがとうございました。いまのお答えにありました権力への懐疑というのがとても大切なところだと思うのですが、われわれはどうして権力への懐疑が足りないんだろうというふうに斎藤先生は思われますか。

斎藤：そうですね。私自身、自民党支持の家庭で育ったこともあり、特に疑問に思わなかったです。国が悪いことをするっていうのは。それも農家だったので。それでも、おかしいなと感じたのは一九九二年で昔の話なんですけども、自衛隊を海外に派遣するという時のことです。九条があるのに何かおかしいなっていう感覚です。

あと、教科書検定がもう一つの機会になっています。やっぱり政府が思想をチェックしてるのはおかしいなという感じはありました。でも、こういう偶然の事情でもないと、普通は、国はいいことをやってるんだという漠然とした感覚があるだろうと思います。

ついでに申し上げますと、私は、授業の中で刑事手続を少し詳しく取り上げるようにしています。恐らく多くの学生が経験する可能性があるのは、警察の職務質問だと思いますので。職務質問された時にどう対応するか。憲法からすれば、令状がなければ、職務質問はあくまで任意だという話をしています。よくあるパターンは、無灯火で自転車に乗っているときに警察官に呼び止められて、登録番号を確認させてくれと言われ、あわせて「ちょっと鞄も見せてくれる？」って言われるんです。そういうとき、多くの学生は従っちゃいます。それで、そこは違うんだっていう感覚を私は授業で伝えているわけです。「それでも先生、やっぱり怖いんで見せます」と言う学生もいますが。

近藤：急に追加の質問をして申し訳ありませんでした。怖いっていう感覚と懐疑が結び付いてないところに一つの問題があるのかもしれないですね。では、続きまして吉田先生お願いできますでしょうか。

吉田：私の方には、リアルな、あるいは論争的な問題を教室で扱わない限り、憲法教育の充実は難しいという意見についてどのように考えますかという質問が届いています。このリアルな政治教育や論争的な問題につきましては、私は、いま話に出た権力への懐疑と密接に関わっているのではないかと思っています。

この点では、上田理恵子先生という法史学の専門家が、内閣総理大臣をはじめ国に関わる仕事をする人たちが専横な権力者のようには見えないのに、あえて縛らなければいけないという論理を実感させることができるかどうかというのが憲法教育上の課題じゃないかとおっしゃっていて、これには私も同感です。また、別の憲法学者が、憲法の条文というのは失敗の歴史の反映だと言っていますが、それもその通りだと思います。たとえば戦争の歴史をたどったからこそ憲法九条があるわけで、そのことを考えても、リアルな政治教育あるいはリアルな問題を授業で取り上げることは避けて通れないのではないかなというのが私のいまの見解です。

それから、この関係では、授業で取り上げる問題が生徒の生活と結びついているということの意味についても考える必要があると思います。これがなかなか難しいんですが、やはり生徒に自分の問題として感じてもらうことは、授業を進める上でとても大切である一方、そのことばかり考えて身近な問題を取り上げるという方針を追求しますと、私生活の話題が中心となり権力が登場しないまま憲法学習が進んでいくということにもなりかねません。私は、憲法の実現とか人権保障に貢献するような授業が高校でもっと進んでほしいと思っているのですが、ここは本当に難しいところです。

近藤：吉田先生、どうもありがとうございました。では遠藤先生、お願いいたします。

遠藤：ご質問は主に二つあって、一つは、大学教員には教授の自由があるとはいえ、早稲田で開講されている憲法の授業の中にも、単位が取りやすい授業から取りにくい授業までいろいろあって、このことについてどう考えるかということ。もう一つは、大学での憲法学習と教育現場での人権教育を架橋するために、大学は何ができると考えるかということです。

最初のご質問は、お答えがしづらいところもありますが、まず一人一人の学生にしてみたら違うところもあるのではないかということは、やはり考えないといけないのではないでしょうか。とはいえ、実際にそういう状況があるとしたら、それをどう思うかということですが、複数の教員が同じ科目を担当する場合には避けられないのではないでしょうか。むしろ、私自身も早稲田の出身なんですけれども、早稲田というのは非常に懐の深い大学で、教授の自由も広く認められ、いろんな授業があって、いろんな授業の仕方がある。学生もそれをいろいろに受け取る。好きに批評し、面白くないと思ったら捨てるということも普通になされる大学であると、このように理解している時に、それをどう思うかと言われると、けしからんと一概に言うことは難しいのではないかなというお答えになるのですが、いかがでしょうか。

近藤：ちなみにこのご質問を書かれた方は、学生さんの声も聞きたいとおっしゃっているのですが、この点について田中さんは、どう思われますか。

田中：そうですね。そういう授業があるっていううわさはもちろん知っています。私がその授業を取らなかったのは、単純に他の授業とかぶっていて取れなかっただけです。友人にはそういう授業を選んで単位を取った人もいますが、社会科の教員免許を取らないのであれば、結局何年かたったらほとんど忘れてしまうわけですから、そういう選択肢があっても悪くはないんじゃないかなと思います。

近藤：率直なご意見、ありがとうございました。では中野さん、何かあればお願いします。

中野：ありがとうございます。私もそういう授業があることは知ってますし、それを取ってる友人もいるので分かるのは分かるんですけど、自分としては、大学ってすごく自由な場所で、決まりもあるようでないし、自分で自分の生活を決められるっていうその自由が一つの魅力というか、すごく大事なところかなって思っていて、そういう学生に優しい授業についても、結局それにどう取り組むかは一人ひとりの問題だと思います。その授業がどうだっていうのは、あまり重要ではないのかなっていう感じです。

近藤：いろいろな意見があると思いますけれども、いまのように模範的に考えてもらえると、教員としては本当にありがたいですね。そういう理想の上に早稲田大学が成り立っていることを、いま改めて再確認しました。では遠藤先生、二つ目の質問にお答えいただけますか。

遠藤：はい。人権教育のために大学の憲法の授業は何ができるかですが、これについては、大学での憲法学習というのは教職を取る人だけのものではなくて、いろんな人を対象に考えないといけないところに、一つの難しさがあると思います。それから幾つかのパスを経て教育現場での人権教育につなげていくことも必要で、その意味でいろいろな問題を解決しなければならないわけですが、たとえば私にできることがあるとするなら、先ほどの権力への懐疑という意識のあり方を伝えることは大切だと思います。つまり足を踏まれた人でないと踏まれた人の気持ちは分からないっていうところはあって、権力から何か不利益を被るという意識は普通は持てないわけです。じゃあ、どうやって分かってもらうかと考えるとき、やはり歴史的な事例とかこういうことがあったっていうことをきちんと紹介して、それをどう思いますか、それは憲法に照らしてどう評価をされるべきだと思いますか、ということを広く学習内容の中に入れていくことなのかなというふうに思っております。

ただ、この点につきましては、お二人の先生のお話もうかがえればというふうに思うのですが、いかがでしょうか。

近藤：ありがとうございます。では、この点につきまして吉田先生はどうお考えになりますか。

吉田：はい。教科教育法の立場で憲法について教えながら人権をどう保障するかを考えていくと、たしかに、まずは具体的な権力の濫用の事例を扱うといったことが考えられると思います。ただ、他にもいろいろアプローチはあって、先日、学生に生存権を教える教材づくりをしてもらったら、安田夏菜さんという児童文学作家の『むこう岸』という小説を使ったプランが出てきました。

これは中学入試を突破して有名校に進んだけれども、そこで落ちこぼれてしまう中学生の話なのですが、そこには貧しさゆえに進学する機会すら奪われそうな中学生も出てきます。生活保護を受けるとか受けないとかを巡って、申請主義の壁に阻まれて、とても大変なのですが、そういう作品を通して、安田さんは、中学生でも生活保護を受けられる、あるいは生存権っていうテーマに向き合えるんだっていうことを教えてくれています。

それはフィクションかもしれないけれども、小説を通して人間の尊厳や権利の行使のあり方について深く考えさせるようなことも、教科教育における憲法学習として考えていくことが、将来の教師になる人にとって、とても大切なのではないかと思いまして、一言ご紹介させていただきました。

斎藤：大学での憲法学習と教育現場での人権教育についてなんですけど、これはなかなか難しい問題です。場合によっては、同和問題にも広がってくるわけですが、憲法学はちゃんとその問題に向き合ってきたかというと怪しいところで、棲み分けをしているといった面もないではありません。つまり人権問題については、残念ながら憲法学にも限界があると言わざるを得なくて、むしろ教育現場のほうが、生の子どもたちの現状ないしは地域の現状を拾い上げて、それを学習としてやられてきた部分が大きいんじゃないかと思います。残念ながら憲法学はこういうクーラーの効いた教室でただ偉い先生が言ったことをわれわれがまた同じように言ってるだけ、あるいは最高裁が言ってるところを分析してるだけという可能性もないとは言えません。

そういう意味では、ぜひ教育現場の先生方から問題提起をいただいて、われわれもそれを吸収していくことが大切だと思います。敢えて申し上げますと、残念ながらわれわれ憲法学者は、裁判にならないと、なかなか問題として取り上げにくいというところがあります。裁判にならない事例については、相場感が分からないわけです。ですので、そういう問題をぜひ現場から積極的に提起していただくことが大切だと思います。

近藤：ありがとうございました。最後におっしゃられた裁判をするかしないかというのは、私も、学校の問題を考えるときにとても重要だと思っています。現実の学校では日々無数の事件が起きているはずですが、そのほとんどが現場で曖昧に処理されてしまっているのではないでしょうか。そして、このように公共の場への問題提起がなされないことがブラックな状態が蔓延する要因の一つだとしますと、私たちはもっと積極的に憲法はもちろん、法的な議論を進めた方が良いのかもしれません。

さて、他にもたくさんのご質問をいただいているのですが、すべてにお答えいただくことはできないようです。また、これまでの議論をまとめることも私にはできませんが、司会者としての感想を申し上げることをお許しいただけるなら、やはり憲法はもっともっと使えるはずで、それを市民一人ひとりが使えていないこと、また教員もそれを使う力を十分育てていないこと、そして未来の教員に対して、憲法を使うことを生徒に教える力を獲得させることに大学教育が失敗しているということが、いまの日本の重苦しい社会に多少の責任を負っているのではないかということになります。憲法を学び、教えるのは、単に教免法がそれを求めているからではなくて、一人ひとりにとって自分が自分であるため、またそういう自分のあり方を追求できる社会であるためなのだということについて、今日は改めて考えさせられました。

最後に、講演者としてご参加いただいた斎藤先生、吉田先生、遠藤先生、またコメントをいただいた田中さんと中野さん、そして会場にお越しいただいた皆さま、またオンラインでご参加いただきました皆さまに、心からお礼を申しあげまして、全体討論ならびに本日の講演会を終わりとさせていただきます。長時間にわたっておつきあいいただき、どうもありがとうございました。

「早稲田教育ブックレット」No.30刊行に寄せて

野口　穂高

本ブックレットは、教育最前線講演会シリーズ三六「憲法を学び、教える—教師教育の課題—」（二〇二三年七月十五日開催）における講演と議論をもとに内容を構成しています。

第二次世界大戦後の一九四六年十一月三日、日本は、日本国憲法を公布し、国民主権、基本的人権の尊重、平和主義を基調とした新たな国の姿を示しました。また、一九四七年三月には、日本国憲法の精神に則り、教育基本法を公布し、戦後の新しい教育の確立に向け各種の教育改革が展開されました。当時の教育基本法の前文では、憲法の制定により、民主的で文化的な国家を建設し、世界の平和と人類の福祉に貢献する決意を我々が示したことを確認し、この理想の実現には、根本において教育の力にまつべきものであることを高らかに宣言しています。以来、教育と憲法とはともに手を携えて歩むべき関係と言えますが、教員養成の段階では、憲法や、憲法と教育の関係を学ぶ機会が十分ではないのが現状です。講演会では、三名の提案者及び二名の学生から、教職課程における学びの課題や、今後、議論・改善されるべき諸点が示されています。講演会で示された多様な論点や、学生たちからの意見は、憲法と教育の関係を見つめ直し、いかに憲法を学び、教えるかを考える上で大きな意味を持つと考えられます。本書の刊行が、憲法や教育基本法に思いを寄せ、未来の教育の在り方について考える一つの契機になるよう願います。

最後になりましたが、本書の編集・刊行では学文社の皆様、教育総合研究所のスタッフの皆様に大変お世話になりました。心より御礼申し上げます。

（早稲田大学教育・総合科学学術院教授）

著者略歴（2024年３月現在）

斎藤　一久（さいとう　かずひさ）
明治大学法学部教授　修士（法学）
略歴：早稲田大学大学院法学研究科博士後期課程単位取得退学、早稲田大学教育総合研究所助手、東京学芸大学教育学部専任講師・准教授、名古屋大学大学院法学研究科教授を経て、二〇二三年四月より現職。専門は、憲法学、教育法学。

吉田　俊弘（よしだ　としひろ）
大正大学名誉教授　早稲田大学、東京大学、東京都立大学、東京経済大学、法政大学非常勤講師。修士（政治学・教育学）
略歴：早稲田大学大学院政治学研究科及び同大学院教育学研究科修了。東京都立高校教諭、筑波大学附属駒場中高等学校教諭、大正大学教授を経て現職。専門は憲法教育／法教育／社会科・公民科教育。

遠藤　美奈（えんどう　みな）
早稲田大学教育・総合科学学術院教授　政治学修士
略歴：早稲田大学政治経済学部政治学科卒業、早稲田大学大学院政治学研究科博士後期課程満期退学。摂南大学法学部助教授、西南学院大学法学部教授を経て現職。専門は憲法学。

田中　雷人（たなか　らいと）
早稲田大学教育学部数学科三年

中野万里奈（なかの　まりな）
早稲田大学教育学部社会科三年

近藤　孝弘（こんどう　たかひろ）
早稲田大学教育・総合科学学術院教授　博士（教育学）
略歴：名古屋大学大学院教育発達科学研究科教授を経て現職。早稲田大学教育総合研究所所長。専門は政治／歴史教育学、比較教育学。

野口　穂高（のぐち　ほだか）
早稲田大学教育・総合科学学術院教授　修士（教育学）
略歴：早稲田大学大学院教育学研究科教育基礎学専攻単位取得退学、千葉大学大学院医学研究院・医学部特任助教、玉川大学教育学部助教、早稲田大学教育・総合科学学術院講師・准教授を経て現職。早稲田大学教育総合研究所副所長。専門は特別活動、日本教育史。